AF369640

NOTICE

DES

DESSINS, EAUX-FORTES
EAUX-FORTES MODERNES
ÉPREUVES D'ARTISTES, AFFICHES DE CHÉRET
JOURNAUX ILLUSTRÉS, ETC.

FAISANT PARTIE DE LA BIBLIOTHÈQUE

DE

FEU M. JEAN KAULEK

DONT LA VENTE AURA LIEU

HOTEL DES COMMISSAIRES-PRISEURS

Rue Drouot, 9. — Salle n° 11

LE JEUDI 14 DÉCEMBRE 1898

à 3 heures et demie

Par le ministère de Mᵉ Maurice DELESTRE, commissaire-priseur

Rue Drouot, 27

Assisté de M. BOUILLON. marchand d'estampes

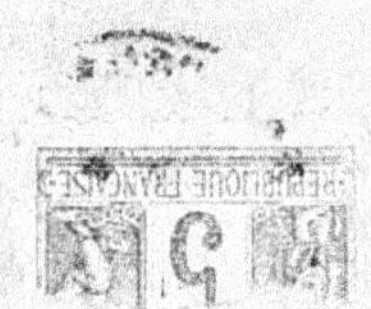

PARIS

BOUILLON, MARCHAND D'ESTAMPES

de la Bibliothèque nationale

RUE DES SAINTS-PÈRES, N° 3

NOTICE

DES DESSINS, EAUX-FORTES, ETC.

FAISANT PARTIE DE LA BIBLIOTHÈQUE

DE FEU M. JEAN KAULEK

NOTICE

DES

DESSINS, EAUX-FORTES
EAUX-FORTES MODERNES
ÉPREUVES D'ARTISTES, AFFICHES DE CHÉRET
JOURNAUX ILLUSTRÉS, ETC.

FAISANT PARTIE DE LA BIBLIOTHÈQUE

DE

FEU M. JEAN KAULEK

DONT LA VENTE AURA LIEU

HOTEL DES COMMISSAIRES-PRISEURS

Rue Drouot, 9. — Salle n° II

LE JEUDI 14 DÉCEMBRE 1898

à 3 heures et demie

Par le ministère de Mᵉ Maurice DELESTRE, commissaire-priseur

Rue Drouot, 27

Assisté de **M. BOUILLON.** marchand d'estampes

PARIS

BOUILLON, MARCHAND D'ESTAMPES

de la Bibliothèque nationale

RUE DES SAINTS-PÈRES, N° 3

NOTICE

DES

DESSINS, EAUX-FORTES,

EAUX-FORTES MODERNES, ÉPREUVES D'ARTISTES

AFFICHES DE CHÉRET,

JOURNAUX ILLUSTRÉS, ETC.

FAISANT PARTIE DE LA BIBLIOTHÈQUE

DE

Feu M. Jean KAULEK

DESSINS

1. — AMAURY DUVAL. Portrait de M. Frédéric Sabouré. Dessin à la mine de plomb. Signé. Encadré.

2. — BONVIN (F.). La cuisinière portant une soupière. Aquarelle signée : F. Bonvin 48.

3. — CHERET (J.). L'affiche illustrée et l'exposition Cheret-Folie. Dessin inédit de M. Cheret, spécialement destiné au Monde illustré. Au crayon noir, rehaussé de blanc.

4. — JOODE (C. de). L'Adoration des mages. A la plume et lavis de bistre.

5. — MONNIER (Henri). Portrait de Henri Monnier représenté assis, un homme debout à son côté. Aquarelle, signée et datée 1867.

6. — Sous ce numéro, il sera vendu quelques dessins et eaux-fortes encadrés.

EAUX-FORTES MODERNES

7. — BESNARD (C. A.). Jeune garçon tenant un âne par la bride. 1888. Très belle épreuve.

8. — BIANCHI. Intérieur d'Église, personnes effrayées à la vue d'un mort sortant de son tombeau. 1875. Très belle épreuve d'artiste.

9. — BONVIN (F.) Première suite d'eaux-fortes gravées par le peintre François Bonvin. Paris 1861. Titres — Fileuse bretonne. — Enfant mangeant sa soupe. — Graveur, effet de lampe. — La Rue du champ de l'alouette. — Le joueur de guitare, six pièces. Épreuve de premier tirage.

10. — La tisserande, 1861. — Le dessert. — La

sortie de cave. 1868. La tricoteuse. 1861, quatre pièces. Épreuves de premier tirage.

11. — La sortie de cave. Épreuve d'essai avant toute lettre, non terminée.

12. — La succession Lecamus. — Étude d'une tête d'homme endormi. — Chien et chat, quatre pièces. Épreuves de premier tirage.

13. — BRACQUEMOND. Bracquemond (Pierre), fils de l'artiste, d'après nature (Beraldi. 19). Épreuve de premier état. Rare.

14. — Erasme, d'après Holbein (B. 39). Très rare épreuve du premier état, au bonnet et au vêtement entièrement blanc, signé par l'artiste au bas, à droite.

15. — La même estampe. Superbe épreuve avant la lettre, signée du graveur. Encadrée.

16. — Goncourt (Edmond de), d'après nature (B. 54). Épreuve de premier état à l'eau forte, l'habit complètement blanc avec dédicace de l'artiste.

17. — Le même portrait. Épreuve de la planche entièrement terminée, avec dédicace de l'artiste.

18. — Le haut d'un battant de porte (B. 110). Très belle épreuve du troisième état. Rare.

19. — Ébats de canards (B. 221). Très rare épreuve du premier état.

20. — Le vieux coq (B. 222). Très belle épreuve du

deuxième état, portant la signature de l'artiste.
Rare.

21. — Eaux-fortes à Londres. Deux pièces.

22. — BRACQUEMONT (Madame). Jeune garçon assis dans un fauteuil. — L'odorat. — Visite à l'hôpital. — Portrait d'une jeune femme assise. Quatre pièces. Très belles épreuves.

23. — BUHOT (F.). L'hiver à Paris. Vue de la place Bréda (128). Épreuve de premier tirage, avec croquis dans les marges.

24. — Débarquement en Angleterre, effet de mauvais temps à la nuit tombante. 1879 (130). Très belle épreuve.

25. — Une jetée en Angleterre (132). Épreuve avec croquis dans les marges.

26. — La dame aux cygnes. Souvenir de Barham-Court (144).

27. — Le peintre de marine (146). Deux épreuves dont une d'essai avant beaucoup de travaux.

28. — Un vieux chantier à Rochester (147). — L'orage. Souvenir d'un tableau de Constable. Deux pièces.

29. — Les voisins de campagne (148). Épreuve de premier tirage, avec croquis dans la marge.

30. — Les Grandes chaumières. — Bergeries,

soleil couchant (150-151). Deux pendants. Un est double. Trois pièces. Très belles et premières épreuves.

31. — Le Palais de Westminster (155). Épreuve de premier tirage avec croquis dans les marges.

32. — La Place des Martyrs et la Taverne du Bagne, 1885 (163). Épreuve du premier état avec croquis dans les marges. Signée.

33. — Essais divers à la pointe sèche et eaux-fortes. Six pièces.

34. — DESBOUTINS. Portrait du comte Lepic. — Chanteurs. Deux pièces. Très belles épreuves.

35. — DEVERIA. Eckerlin (Mme). — Hugo (Victor). Deux portraits in-fol. Épreuves sur Chine.

36. — DIVERS. Ex libris Léon Gambetta. — Adresse de Sagot. — Dîner des secrétaires généraux. — Paysage d'après Corot. — Tête de chat. Six pièces.

37. — FORAIN. Sur les Boulevards. — Au café. Deux pièces gravées à l'eau forte.

38. — GAILLARD (F.). Saint-Georges, d'après Raphaël (B. 45). Épreuve d'essai sur Chine.

39. — HERVIER. Paysages et croquis, vues prises dans diverses villes. Huit pièces. Dessins et eaux-fortes.

40. — LALANNE. Vue de Paris. — Richmond. — Rouen. — Port de Trouville. Quatre pièces.

41. — MANET. L'Acteur tragique (Rouvière). (B. 20). Trois épreuves d'essai.

42. — L'enfant à l'épée, tourné à gauche (B. 27). — Le Guitarrero. 1861. Épreuve signée par l'artiste.

43. — MERYON (Ch.). La rue des toiles à Bourges. — La Morgue. Épreuve avant la lettre. Deux pièces.

44. — MILLET. L'homme rentrant du fumier. Belle épreuve.

45. — RIBOT (T.). Frontispices pour Romances. Deux compositions sur une même feuille.

46. — ROPS (F.). Mam'zelle Gavroche. 2e état. Très rare.

47. — D'où vient le vent. Croquis à l'eau forte, avec autographes de Rops sur les marges.

48. — Les Diaboliques. Suite de neuf pièces doubles en premier état. En tout, 18 pièces.

49. — Sous ce numéro, il sera vendu 15 eaux-fortes par et d'après F. Rops, en épreuves de premier tirage.

50. — SEYMOUR-HADEN. Coucher de soleil en Irlande. (A sunset in Irland). (B. 44). Superbe épreuve, signée du graveur.

51. — WHISTLER. La Tamise à Limehouse, 1871. Très belle épreuve.

AFFICHES, JOURNAUX ET LIVRES

52. — Affiches par J. Chéret, dont le détail suit :
1. Alcazar d'été, les Rigolboches (Beraldi, 351). —
2. L'Amant des danseuses (846). — 3. Ambassadeurs,
Persivani et Vandevelde (n. cat.). — 4. Ambassadeurs, la Fille du ferblantier (321). — 5. Anvers-
Paris, Exposition universelle de 1889. — 6. Exposition des arts incohérents (868). — 7. Exposition universelle des arts incohérents (870). — 8. Exposition
universelle des arts incohérents (871). — 9. Athénée
comique (B., 470). — 10. Bidel (375). — 11. Bigar-
reau bourguignon (794). — 12. Bonnard-Bidault
affichache (766). — 13. Bullier (946). — 14. Buttes-
Chaumont (182). — 15. Buttes-Chaumont, étrennes
1885 (183). — 16. Aux Buttes-Chaumont, étrennes
1887 (non cat.). — 17. Aux Buttes-Chaumont,
étrennes 1889 (817). — 18. Aux Buttes-Chaumont,
étrennes jouets (818). — 19. Cirque d'hiver, Cara-
vane dans le désert (278). — 20. Châtelet, les Pilules
du Diable (479). — 21. Châtelet, Théodoros, 1868
(B., 178). — 22. Journal du dimanche, la Chaumière
du proscrit (243). — 23. Cueilleuse Dubois (5). —
24. Panorama, les Cuirassiers de Reichshoffen (253).
— 25. David Copperfield (220). — 26. Théâtre Déja-
zet, Gaulois-Revue (933). — 27. Exposition Louis-
Dumoulin (non. cat.). — 28. Fantaisies parisiennes,
le Droit du seigneur (462). — 29. Figaro illustré,

1885 (227). — 30. Aux Folies du Calvaire, 100-106.
— 31. Folies-Bergères, Corvi, 417. — Monaco (437).
— O. Métra (394). — 32. Frascati, bal masqué, Arban
et l'orchestre de l'Opéra (503). — 33. Gaîté, Chat
botté, 474. — 34. Gaîté, Voyage dans la lune (473).
— 35. Gaîté, le Droit du seigneur (462). — 36. Gaîté,
Orphée aux enfers (471). — 37. La Gomme (847).—
38. Hippodrome, Cadet-Roussel (304). — 39. Hippodrome, Cadet-Roussel (305). -- 40. Hippodrome, le
Cheval, Blondin (300). — 41. Hippodrome, Ecuyer
sur cheval blanc (281). — 42. Hippodrome, le Chat
botté (306). — 43. Hippodrome, Saison équestre,
1883 (880). — 44. Hippodrome, Holtum, l'homme
aux boulets de canon. — 45. Hippodrome, Écuyers et
clowns (282). — 46. Hippodrome, Fête romaine (891).
— 47. Théatre historique (481). — 48. L'Horloge, les
Frères Léopold (343). — 49. L'Horloge, les Girard
(346). — 50. L'Horloge, Homme, femme, soprano
(337). — 51. L'Horloge, Homme, femme, soprano
(338). — 52. L'Horloge, Duo de chats (345). — 53.
L'Horloge, Martens, types et scènes tintamaresques
(340). — 54. L'Horloge, Couverture mobile (332).—
55. L'Horloge, les Majeltons (333). — 56. Jardin de
Paris, 1889 (913). — 57. Jean Casse-tête (833). —
58. Jean-Loup (217). — 59. La Juive du Château-
Trompette (840). — 60. Kinia Raffard (793). — 61.
Lacteoline (49). — 62. A la Magicienne (121). — 63.
Les Misérables (214). — 64. Montagnes russes, le
Wagon (922). — 65. Montagnes russes, Cabaret rou-

main (923). — 66. Montagnes russes, Danseuses espa-
gnoles (924). — 67. Bal du Moulin-Rouge, femme
sur un âne (249). — 68. Les trois Mousquetaires
(829). — 69. Musée Grévin, incessamment ouver-
ture (261). — 70. Musée Grévin, les Tziganes (264).
— 71. Musée Grévin, apothéose de Victor Hugo (265)·
— 72. Musée Grévin, les Dames hongroises (875). —
73. Musée Grévin, les Danseuses javanaises (879).—
74. Petit Lyonnais, les Mystères de Paris (232). —
75. Les Mystères de Paris, la Cité (222). — 66 Les
Mystères de Paris, la Chouette faisant mendier Fleur-
de-Marie (223). — 77. Les Mystères de Paris, Fleur-
de-Marie (224). — 78. Nouveau cirque, la foire de
Séville (885) — 79. Nouveau cirque, l'île des Singes
(884). — 80. A la nouvelle Héloïse (124). — 81.
Grand théâtre de l'exposition, palais des enfants (918).
— 82. Œuvres de Paul de Kock (839). — 83. Le
palais des fées, Exposition universelle, 1889 (916), en
bistre. — 84. Le palais des fées, Exposition universelle, 1889 (916), en couleur. — 85. Le petit caporal,
journal (208). — 86. Petite Mionne (218). — 87. Au
petit saint Thomas (164). — 88. Au petit saint Thomas, étrennes 1889-1890 (806). — 89. Œuvres de
Rabelais, 1885 (226). — 90. Recoloration des cheveux
par l'eau des sirènes (768), 1er et 2e états. — 91.
Skating-Rienk. funciones de Patines (276). — 92.
Skating Saint Honoré, Mahomeds et sa troupe (271).
93. — Skating-théâtre (272). — 94. Table d'hôte
Richardot (82). — 95. Au Tambourin, 1884 (86). —

96. Tivoli Waux-hall, jardin d'hiver et d'été (495). — 97. Tivoli Waux-hall, jardin d'hiver et d'été (496). — 98. Tivoli Waux-hall, bal de nuit (499). — 99. Tripes à la mode de Caen (89). — 100. Valentino, Polichinelle et deux femmes (489). — 101. A Voltaire, étrennes à tous les enfants (non cat.). — 102. Exposition de A. Villette (864).

53. — AFFICHES. Menus, couvertures de livres, prospectus-annonces de grands magasins. Affiches pour annonces et couvertures de livres de la librairie Jules Lévy. Un portefeuille contenant 132 pièces, par J. Cheret. Pourra être divisé.

54. — Sous ce numéro, il sera vendu plusieurs lots d'affiches par divers artistes. Lithographies et eaux-fortes.

55. — BÉRALDI (H.). Les Graveurs du XIXe siècle, guide de l'amateur d'estampes modernes par H. Béraldi. Paris, 1885, 1892, 12 vol. in-8° brochés.

56. — GILL. Vingt portraits contemporains par André Gill. Notice par Jean Richepin. Paris, 1886, in-4° en portefeuille.

57. — JOURNAUX. Galerie contemporaine. — La Vie populaire. — Le Papillon. — La Nouvelle Lune. — Le Courrier français. — La Revue illustrée. — Les Contemporains. — La Grenouille. — Le Grelot. — La Lune rousse. — La vie moderne. — Le Journal illustré. — Le Don Quichotte, etc., contenant des docu-

ments et portraits sur P. Loti, Leconte De Lisle, Barbey d'Aurevilly, Jean Richepin, Guy de Maupassant et Émile Zola. 1 portefeuille.

58. — JOURNAUX. La Parodie, par A. Gill — La Lune, 1866-1867, avec illustrations, par Gill. Documents et eaux-fortes diverses, 1 portefeuille.

59. — JOURNAUX. La Charge. — L'Éclipse. — Le Sifflet. — Le Grelot. — Le Carillon. — La Revue parisienne, etc. — Imagerie religieuse. Un portefeuille, pourra être divisé.

60. — JOURNAUX. Le Pierrot. 1889. — Le Courrier français. — Le Fifre. — Le Charivari. — Le Journal amusant, etc. Illustrations par Villette, Forain, Grévin et H. Daumier, 1 portefeuille, pourra être divisé.

61. — MANET. Le Corbeau. Poème par Edgard Poë, traduction française de Stéphane Mallarmé, avec illustrations par Édouard Manet. Paris, in-folio en portefeuille.

MACON, PROTAT FRÈRES, IMPRIMEURS

1215 – 60

7 Besnard — 12½ 168 x   Grabaudens   120
8 Bianchi   1½ – 27°   d   120
10 Bouvier   36 – 22 Cardinal Maury   150
13 Bracquemond   19½ – 60.—   6
14   d   45⅓ 381.+   390
21   d Eau forte   30 – 41.—
33 Bohol 2/u   2½ – 18.—
34 De Vesra   2½ – 11.—   87°
36 Sapotot Gambt 2½   3 9°
40 Lalau Trouvé — 1½ 15 =   260
3(Levara — 1½ 1/11

                                              87°
                                              3 9°

RED. :

14

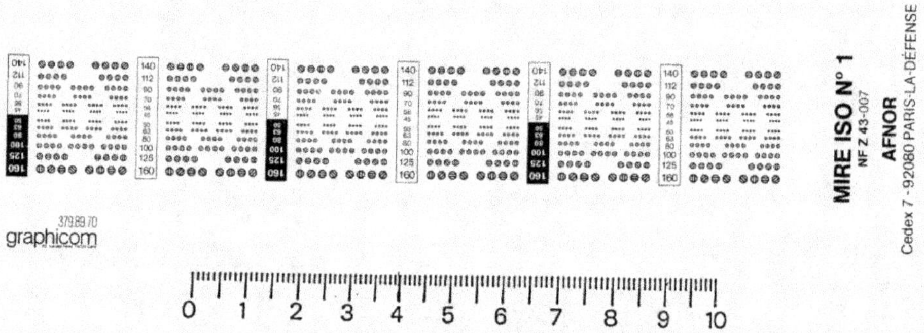

www.ingramcontent.com/pod-product-compliance
Lightning Source LLC
LaVergne TN
LVHW011016180726
843502LV00007B/2582